TRAITÉ

DES

FLEURS EN PAPIER

EN CHEVEUX, EN SOIE, ETC.

PRIX : 75 CENTIMES

Les planches séparées : 40 centimes

PARIS

ULD DE VRESSE, RUE DE RIVOLI

LIVRE-MANUEL

DES

FLEURS EN PAPIER

EN CHEVEUX, EN SOIE, ETC.

PAR

Mme R. DE L'ISLE

———

PARIS

DESLOGES, 4, RUE CROIX-DES-PETITS-CHAMPS

—

1861

PARIS. — IMPRIMERIE GAITTET

RUE DU JARDINET, 1

LIVRE-MANUEL

DES

FLEURS EN PAPIER

I.

ART DE FAIRE LES FLEURS ARTIFICIELLES EN PAPIER, EN CHEVEUX ET EN SOIE.

Des outils. — Deux outils seulement sont nécessaires à la confection des fleurs artificielles : le premier n'est autre chose qu'une *petite pince* de 10 à 15 centimètres de long (n° 12 I). Il sert à prendre chaque pétale et à le contourner convenablement; le second, que l'on nomme *outit-boule* (n° 12 J) sert à arrondir ou plutôt à estamper les pétales. Il se compose d'une tige terminée par une boule en fer poli, et à l'extrémité de laquelle est adapté un manche de bois. La boule qui termine l'instrument doit être plus ou moins grosse; ainsi elle doit avoir environ 2 centimètres et demi de diamètre pour les grosses fleurs, et seulement de 12 à 15 centimètres pour les pétales de boutons de rose. Au reste, cet outil peut être remplacé par un étui ou par un dé, etc.

Les matières premières ou fournitures se composent : de papiers de toute espèce de couleurs et préparés d'avance par des fabricants spéciaux ; 2° des fils de fer ou *laitons*, très-fins et recuits au feu pour les rendre plus souples et moins cassants ; 3° des feuilles, boutons, cœurs, *pistils*, *étamines*, *araignes*, *calices*, et en général de toutes les autres parties qui composent les fleurs. Tous ces articles se vendent tout prêts et à des prix très-modiques chez M. Prévost-Wentzei, rue Saint-Denis, n° 290, à Paris ; et en province chez tous les marchands merciers bien assortis.

Outre les papiers ordinaires, on emploie encor avec succès particulièrement pour faire les lys, le camélia et les fleurs de cette famille, etc., le papier dit papyrus ou de Chine.

II

PRINCIPES GÉNÉRAUX POUR FAIRE UNE FLEUR ARTIFICIELLE.

1° *On découpe le papier* avec des ciseaux en suivant les patrons des planches pour former les pétales, etc. ;

2° *On gaufre chaque pétale* pour lui donner la

orme naturelle, soit en le roulant entre les doigts et en le tournant, de manière que l'une des faces soit concave et l'autre convexe, soit à l'aide de la pince et de l'outil-boule.

3° *On assemble les différents pétales* au bout d'un fil de fer, auquel on attache d'abord le *cœur* de la fleur. Tous les pétales qui constituent la *corolle* de la fleur étant ainsi assemblés, on enduit leurs extrémités inférieures, celles qui sont liées avec le fil de fer, d'un peu de gomme arabique dissoute dans l'eau pour les fixer.

4° *On monte la fleur.* Pour cela l'on commence à couvrir le fil de fer qui forme la tige, avec du papier vert ou de toute autre couleur convenable pour imiter *la nature.* Ce papier est découpé par petites bandes de 7 millimètres de largeur ; on le tourne en spirales sur le fil de fer, auquel on attache de distance en distance les petits fils de fer qui forment les petites tiges, et sur lesquels on attache les feuilles et les boutons. On les garnit aussi de papier vert.

Tels sont les quatre principes généraux et invariables pour faire les fleurs artificielles, principes qu'il est toujours facile d'appliquer, quand on veut faire usage de ses yeux et de ses mains.

Observation sur le montage de la fleur et principalement sur la manière de recouvrir les tiges avec le papier vert. — Pour bien tourner ou passer (dit le fleuriste) la bande de papier vert autour du fil de fer qui forme la tige, vous tenez celui-ci entre le pouce et l'index de la main gauche, tandis que vous tenez votre bande de papier vert de la main droite ; et pour la faire tenir en commençant, vous avez soin d'en humecter le bout avec un peu de salive.

Lorsque la tige de fer, sur laquelle on monte les petites tiges de fleurs, des feuilles et des boutons, est forte, on doit la cotonner avant de commencer ; cette opération se fait en roulant bien également autour de la tige du coton blanc cardé.

L'on passe d'abord le papier vert sur les petites tiges, et on en roule un peu sur l'extrémité que l'on approche de la grosse tige, à l'endroit où l'on veut la placer ; puis on roule le papier autour de la grosse et de la petite tige.

Pour donner plus de solidité à la fleur montée, l'on attache les petites tiges sur les grandes avec de la soie ; l'on fixe même les boutons et les feuilles.

Généralement les feuilles, les boutons et les cœurs sont vendus tout préparés et montés sur une petite tige, mais on peut les assembler soi-même, en enfilant un petit fil au tiers de leur longueur ; puis on attache, on contourne le fil de fer une ou deux fois sur lui-même au bas de la feuille, ou bien on le retourne sans le tordre, avec du papier vert, en en laissant passer un bout pour pouvoir le fixer sur la tige.

Du reste, pour guider les commençants, nous allons indiquer la fabrication des fleurs les plus connues, et il leur sera facile de les exécuter en ayant les dessins sous les yeux (planche; ou les fleurs naturelles elles-mêmes.

Clochette (1). — Figure 1re.

1° Découpez la fleur ou la *corolle* le patron fig. 1, ou sur ceux fig. 1 A, fig. 1 B, selon la grandeur qu'on veut avoir.

2° Gaufrez cette fleur en pinçant le papier entre deux crans, *a, b, c,* suivant la ligne ponctuée, et courbez en arrière l'extrémité de chaque cran.

3° Assemblez cette fleur autour du cœur F en tournant le papier de manière à former un cornet ou cloche, et collez les deux côtés *d, e,* l'un sur l'autre avec de la gomme arabique.

4° Montez les petites tiges, garnies à l'avance de leurs boutons et de leurs feuilles, A, B, C, D, E, et tournez-les d'abord en spirale sur un fil de fer.

L'on fait ainsi une autre espèce de clochette ou

_____

(1) On désigne par ce mot générique de clochettes toutes les fleurs dont la corolle forme une cloche (telles que le liseron, le convolvulus, le gobéa, etc.), et celle-ci est le type le plus simple : nous la donnons pour modèle.

de liseron, en enfilant deux corolles (fig. 1 et 1 B) l'une après l'autre, on les colle avec de la gomme, puis on enfile la petite étoile en papier (fig. 1 G) *formant le calice.*

Jasmin jaune. — 1° Découpez la fleur (fig. 2) et le tube (fig. 2 A) en papier *jaune.*

2° Gaufrez le milieu de chaque pétale, qui est ponctué avec la pince, de manière à former un creux en dessus et rayez-le avec la pointe de la pince pour faire les nervures.

3° Faites un petit tube en roulant le patron (fig. 2 A) entre les doigts, après y avoir mis quelques brins de coton ou de laine jaune appelés *déchiquetures,* pour former le cœur, et collez la fleur (figure 2) sur ce tube.

4° Montez ensuite la fleur dans l'ordre suivant (fig. 2) : une petite tige avec une grande feuille **A,** un bouton avec deux petites feuilles **B, C,** quatre fleurs, et terminez par un bouton **E** avec deux petites feuilles **D.**

Primevère. — 1° Découpez : (fig. 3) le patron de pétale (fig. 3 A) le patron du tube, (fig. 3 B) le patron de l'étoile.

2° Gaufrez le milieu des pétales.

3° Formez le tube (fig. 3 A) dans lequel vous mettez quatre ou cinq pistils, et collez l'étoile (fig.

3 B) sur ce tube ; puis vous collez les pétales les uns après les autres (fig. 3 C), et vous produisez la fleur (fig. 3 D).

4° Montez la fleur avec deux corolles (fig. 3 D), deux feuilles (fig. F) et deux boutons (fig. 3 E).

Bluet. — 1° Découpez huit pétales sur le patron (fig. 4) et les feuilles vertes sur le patron (fig. 4 A).

2° Rayez le milieu de chaque pétale avec la pince.

3° Roulez chaque pétale en forme de cornet et attachez-les autour du cœur (fig. 4 B) avec de la soie et terminez par le calice.

4° Montez les fleurs avec deux boutons (fig. 4 C et 4 D) et en roulant les fleurs autour des petites tiges (fig. 4).

Lys. — 1° Découpez, pour abréger (1), six pétales sur le même patron (fig. 5).

2° Gaufrez ces pétales en les pliant dans leur longueur, les courbant en arrière à moitié de leur hauteur et relevant les extrémités en dedans.

3° Collez dans le milieu du pli du pétale, pour le soutenir, un fil de fer très-mince, couvert de papier blanc ; attachez d'abord autour du cœur (fig. 5 B)

______

(1) Nous disons *pour abréger*, car, pour imiter le lys naturel, il faut six pétales de deux grandeurs différentes.

les trois pétales (fig. 5) avec de la soie, puis les trois pétales plus grands, si vous les avez découpés.

4° Vous montez la fleur sur une petite tige garnie de cinq boutons et de cinq feuilles (fig. 5) qui entourent la fleur. Comme cette fleur n'a pas de calice, on a soin, pour cacher la soie, de faire monter le papier qui recouvre la tige le plus haut possible et de peindre en vert le bas de chaque pétale. Cependant pour éviter de peindre, on peut ajouter un calice à cinq pétales (fig. 8 E).

Œillet. — 1° Découpez sur le patron (fig. 6) six ou huit pétales à volonté, suivant la grosseur que vous voulez donner à l'œillet (1).

2° Gaufrez les pétales assemblés (fig. 6) et les euilles (fig. 6 B) avec la pince, en faisant trois plis sur chacune des six grandes dentelures du patron.

3° Vous enfilez les huit pétales assemblés (fig. 6) qui composent l'œillet, les uns après les autres autour du cœur 6 A, comme celui représenté F ; vous roulez le centre de la fleur en pointe, vous enfilez et collez le calice (fig. 6 D), puis vous réunissez

(1) Comme la découpure dentelée de l'œillet est difficile à obtenir, il faut calquer le modèle que nous donnons, au moyen du papier végétal, et le découper sur une feuille de carton ou de cuivre mince. Le modèle en carton rendra l'exécution de la découpure plus juste et plus facile, et nous conseillons même d'en agir ainsi pour toutes les fleurs.

quatre feuilles en rouleau, vous les attachez avec de la soie et vous couvrez cette soie avec du papier vert.

4° Vous montez la fleur avec deux petites tiges portant chacune un bonton, 6 C et 6 D, et deux groupes de fleurs (fig. 6).

Marguerite. — Elle est formée de trois rangs de pétales d'une grandeur différente, et chaque rang est composé de trois pétales d'une même grandeur :

1° Vous découpez trois pétales sur chacun des trois patrons (fig. 7, 7 A et 7 B).

2° Vous gaufrez chaque division des pétales (fig. 7) avec la pince, en faisant un pli sur le pourtour comme la ligne ponctuée l'indique, et courbant en dedans les pointes de division. Chaque division des patrons (fig. 7, 7 A et 7 B) est pliée en deux, et son extrémité est courbée à l'envers. Le dernier rang des pétales, qui doit être en papier vert, est plus recourbé que les autres.

Vous assemblez et montez la fleur comme l'œillet, autour du cœur 7 C, en ayant soin d'attacher de distance en distance, sur la même petite tige, plusieurs feuilles de grandeurs différentes 7 D (figure 7).

Camélia. — 1° Découpez sur du papier blanc, cerise ou rose, huit pétales sur le patron n° 8, cinq sur celui 8 A, dix sur celui 8 B, dix sur celui 8 C, et le calice (fig. 8 D) sur du papier vert.

2° Vous gaufrez les pétales du centre avec la pince pour leur donner du creux à l'endroit, et les autres plus petits (fig. D) avec la boule, de manière à donner le creux aussi à l'endroit.

3° Pour assembler, vous attachez avec de la soie les trois pétales n° 8 autour du cœur (fig. 8 F (1), le creux à l'endroit. Vous collez ensuite les autres pétales (patrons n°⁸ 8 A, 8 B, 8 C) le creux à l'envers, et sur deux rangs (fig. 8), de manière qu'une moitié de pétale est couverte par celle qui est posée dessus. Enfin, vous terminez en collant dessous le calice (8 E), lequel calice sert aussi à faire le bouton (fig. 8 G).

4° Vous montez les fleurs avec deux grandes feuilles (fig. 8 1) sur une petite tige dont le bout est terminé par deux boutons (8 G) et une petite feuille (fig. 8 F), qui sont liés ensemble avec de la soie (fig. 8).

Dahlia (se compose de 66 pétales).

1° Découpez 16 pétales en papier vert, sur le patron 9, qui forment le cœur;

(1) Le cœur du camélia naturel ressemble assez à celui de la rose ; mais, pour rendre notre dessin plus saisissable à première vue, nous avons supprimé les étamines, ce qui ne change rien du reste à la forme et au montage de la fleur.

18 pétales sur le patron n° 9 A ;
20   id.   id.   n° 9 B ;
12   id.   id.   n° 9 C ;

2° Gaufrez, en pliant chaque pétale (9) en deux dans sa longueur, avec la pince, de manière que, vu par la pointe, il forme un angle comme celui représenté (fig 9 E) ; rapprochez les deux côtés 9 D, en les roulant intérieurement avec la pince ; pincez et roulez de la même manière les pétales n° 9 A, en observant de rouler les deux côtés de chaque pétale en les contrariant, c'est-à-dire qu'un côté sera roulé à l'endroit et l'autre à l'envers ; courbez la partie inférieure à l'envers à partir du quart de sa hauteur ; gaufrez les pétales n° 9 B, comme ceux n° 9 A ; mais sans en recourber le bas. Gaufrez les pétales 9 C, comme celui n° 9, en roulant légèrement leur côté dans le même sens, courbant le bas à l'envers, à partir du tiers de la hauteur et mettant plus d'espace entre les deux moitiés des pétales, qui se trouveront presque tout à fait ouverts.

3° Vous assemblez, en attachant les 16 pétales verts au cœur 9 E avec de la soie, vous collez par-dessus, d'abord les 18 pétales n° 9 A, sur deux rangs de 9, chacun ; puis, les 20 pétales n° 9 B, également sur deux rangs de 10 chacun ; vous collez ensuite les 12 pétales n° 9 C sur un seul rang, et vous enfilerez et collerez en dernier lieu l'étoile en papier vert n° 9 G.

4° Vous montez la fleur avec deux petites tiges garnies, dans le bas, chacune d'une grande feuille n° 6 G, dans le haut de deux feuilles plus petites et de deux ou trois grandeurs différentes 9 I, et terminé en bouton, muni d'une étoile ou *araigne* 9 G (voir fig. 9).

Il y a des dahlias dont les pétales du centre ne sont pas verts, et, dans ce cas, on les fait de la même couleur que les autres. L'on assemble aussi les pétales autour d'une boule (9 H) formant le cœur, faite en papier jaune ou vert, et garnie de coton en dedans.

Jacinthe simple (composée de 3 pétales en papier rose ou jaune) :

1° Découpez trois pétales différents sur chaque patron n°s 10, 10 A, et 10 D (ce dernier en découpant 3 divisions seulement).

2° Gaufrez en pinçant chaque division et courbez les extrémités supérieures à l'envers. Roulez le patron n° 10 A, entre les doigts sur une tige garnie d'un cœur 10 en papier de la même couleur de manière à former un cornet.

3° Pour rassembler vous roulez par-dessus le pétale patron n° 10 A, en ayant soin de placer les divisions vis-à-vis des intervalles de l'autre ; roulez et collez une bande de papier vert pour imiter le calice.

4° Montez en commençant par le bouton, puis vous en échelonnez deux autres au-dessous; vous placez de même cinq rangs de fleurs groupées par trois, et vous terminez mettant en 5 ou 6 feuilles (patron n° 10 E) autour du bas de la tige.

Les jacinthes doubles s'exécutent comme les simples, en employant les patrons n° 9 B, 9 C et 9 D, dont les divisions sont en nombre double, et des feuilles plus grandes, patron 9 F.

Pavot.—1° Découpez d'abord neuf pétales en papier blanc, sur la circonférence entière et ponctuée du patron n° 11, lequel est dessiné seulement par moitié ; faites les dentelures du pourtour en coupant le papier avec une paire de ciseaux, sur les petits trains ou rayons tracés en dedans du grand cercle ponctué, et seulement jusqu'au cercle intérieur.

Découpez ensuite 9 ronds en papier rose sur le patron intérieur 11 A, dessiné par moitié, avec des crans de distance en distance.

2° Gaufrez les 9 pétales 11 et les 9 ronds 11 A en les roulant et tortillant entre les doigts, comme pour faire une papillote ; puis, vous les déroulez, sans les étaler entièrement.

3° Pour assembler, vous enfilez d'abord un pétale n° 11, par le centre, sur un petit fil de fer au bout duquel le cœur 11 B est attaché. Puis, vous enfilez un rond en papier rose, par-dessus un second pétale découpé ; ensuite, vous enfilez un second rond en papier rose, et ainsi de suite. Ce qui revient à dire que vous mettez alternativement un pétale et un rond par-dessus. Vous les collez avec un peu de gomme arabique et vous terminez en enfilant l'étoile (fig. 11 C).

4° Pour monter, vous assemblez d'abord sur la tige un bouton et une petite feuille n° 11 D, et vous déposez au-dessus 2 feuilles un peu plus grandes ; puis, vous fixez un autre bouton à droite, ensuite, vous attachez la fleur elle-même, la petite feuille à gauche et une grande feuille n° 11 E à droite.

Rose trémière. — Pour les grandes fleurs, vous découpez 6 pétales en papier rose (un en papier d'un ton clair) sur la circonférence du patron n° 12, dont le dessin n'est que la moitié, et 2 pétales du même papier foncé sur le patron 12 A.

Pour les fleurs plus petites ou pour celles non épanouies : 1° vous découpez seulement 6 pétales sur le patron n° 12 B, et un pétale sur le patron n° 12 C.

2° Vous gaufrez ces pétales par le même moyen indiqué précédemment pour faire la fleur du pavot.

3° Vous assemblez et collez les 8 pétales 12 et 12 A de la même manière que ceux du pavot, en les enfilant l'un après l'autre sur un fil de fer auquel est attaché un cœur n° 12 D, et plaçant le grand pétale en papier rose clair le dernier. Vous terminez en collant l'étoile n° 12 E. Pour faire la fleur non épanouie, on pourra n'assembler que 2 pétales 12 B et 1 pétale 12 C, qui devront être plus tortillés, plus rapprochés et à peine ouverts. Si l'assemblage a été bien fait, le cœur ne doit pas se voir.

4° Vous montez en commençant par attacher en haut le bouton 12 F et la petite feuille (n° 12 G), puis vous mettez une autre petite feuille à 1 centimètre au-dessous; ensuite un second bouton, et par derrière une feuille plus grande. Au-dessous de celle-ci, vous attachez un bouton entre 2 feuilles, fixées à 1 centimètre de distance l'une au-dessous de l'autre. Puis, vous posez une fleur non épanouie, ensuite la grande fleur, et par derrière une feuille (patron n° 12 G). Enfin vous attachez la grande feuille (patron n° 12 H) à 1 centimètre environ au-dessus de la fleur.

Fig. 13. *Pivoine panachée.*

1° Découpez 18 pétales en papier blanc panaché en rose, sur le patron n° 13 ; 12 pétales sur le patron n° 13 A ; 6 pétales sur le patron n° 13 B. Mais, pour abréger le travail, il faut calquer chaque patron et le reporter six fois sur une feuille de papier pour former une circonférence entière, sur laquelle on découpe le pétale. Vous découpez aussi, en suivant les traits noirs, 2 pétales en rond sur le patron n° 13, 2 pétales sur le patron n° 13 A, 1 pétale sur le patron n° 13 B, et vous donnez seulement un coup de ciseaux sur chaque trait en rayon concentrique.

2° Vous gaufrez chaque division d'un patron n° 13 en les creusant avec l'outil-boule, de manière que le creux soit à l'endroit ou en dedans ; vous le roulez en forme de cornet ; l'autre pétale, découpé sur le même patron, est creusé aussi avec l'outil-boule, en courbant au contraire l'extrémité de chaque division en dehors.

Le pétale n° 13 A et le pétale n° 13 B se creusent et se courbent de même.

Les deux coques du calice n° 13 D se gaufrent également dans la partie la plus large.

3° *Pour rassembler*, vous enfilez sur le fil de fer, auquel le cœur 13 C est attaché, le patron 13 roulé, dont les divisions sont creusées et courbées en dedans. Sur celui-ci vous placez le deuxième patron n° 13, dont les divisions sont courbées en dehors, puis, les deux patrons n° 13 A formant deux rangs ; ensuite vous collez sur ces deux rangs le patron n° 13 B, et vous finissez en collant le calice n° 13 D, dont les deux coques sont libres sous la fleur.

La fleur non épanouie s'exécute avec un patron n° 13, dont les divisions sont creusées en dedans et forment le centre, et un patron n° 13 A qui forme l'enveloppe et dont le creux est en dehors. Vous roulez deux patrons en forme de cornet, qui doit être moins ouvert que la grande fleur, vous l'enfilez sur une tige garnie d'un cœur, et vous collez dessous deux calices n° 13 D plus petits qui se coupent à angles droits (voy. fig. 13).

4° Vous montez sur un gros fil de fer, en commençant par la fleur même; vous mettez, à trois centimètres au-dessous, une petite feuille naissante, n° 13 E, dont l'extrémité touche la partie extérieure des pétales du tour; vous attachez une seconde feuille, puis une troisième un peu plus grande, et enfin une quatrième feuille qui est la plus grande, n° 13 F; en tout quatre feuilles de trois grandeurs différentes (voy. fig. 13).

Vous attachez ensuite de chaque côté de la tige, qui porte la fleur, deux autres tiges garnies, comme la tige de la fleur, de 4 feuilles qui se chevauchent, et dont l'une, celle de droite, porte une fleur non épanouie; et l'autre, celle de gauche, porte un bouton.

Fig. 14. *Rose cent-feuilles.*
1° *Découpez* 16 pétales en papier rose sur le patron n° 14, pour les cœurs 24 à 32, idem sur le patron n° 14 A, et 10 idem sur le patron n° 14 B, pour faire les boutons.

2° Gaufrez les pétales n° 14 en les pliant en deux sur leur longueur, et recourbez le côté supérieur à l'aide de la pince, de manière qu'en ouvrant la feuille vous avez un côté recourbé en dedans, et l'autre côté en dehors. Lorsque le pétale est ouvert, vous recourbez son extrémité inférieure un peu en dehors.

Vous creusez ensuite au moyen de l'outil-boule le milieu des pétales n° 14, et vous recourbez les extrémités de chaque dentelure et un peu en dehors. Vous creusez de la même manière les 10 pétales n° 10 B, qui doivent former les boutons, en recourbant l'extrémité supérieure de la dentelure en dehors, du côté droit seulement.

3° Pour assembler, vous attachez les 16 pétales autour du cœur n° 14 C, et vous collez avec de la gomme 8 pétales n° 14 A, de manière qu'une moitié de pétale couvrant l'autre, il n'y ait pas d'intervalle.

Vous adaptez et collez au-dessous des pétales assemblés les araignes 14 D, et vous enfilez le calice 14 E.

Vous assemblez les pétales des boutons comme les fleurs en les rapprochant plus ou moins, suivant que les boutons sont plus ou moins épanouis.

4° *Vous montez* la fleur en attachant d'abord une petite tige garnie à la partie supérieure d'un bouton épanoui, qui dépasse l'extrémité des pétales du tour

de la fleur, d'un autre petit bouton et de trois petites feuilles (patron 14 F), formant un trèfle, et
trois autres fleurs plus grandes formant aussi un
trèfle. Il faut le dire en passant, toujours les feuilles
de cette espèce de rose sont assemblées ainsi. Puis
vous attachez à 1 centimètre environ au-dessous
de la naissance de la tige qui porte le bouton une
tige munie de trois feuilles (patron moyen n° 14 G),
et du même côté, à 3 centimètres au-dessous,
une quatrième tige de 3 feuilles (grand patron
n° 14 H).

Enfin, vous terminez la fleur en plaçant la
dernière tige à gauche, laquelle tige est garnie,
comme la précédente, de trois feuilles (patron
n° 14 H).

Fig. 15. *Rose-pompon.*

1° Découpez trois pétales sur le patron n° 15,
quatre sur les patrons 15 A et quatre sur le n° 15,
et donnez un coup de ciseaux sur les traits ou
crayons concentriques.

2° Gaufrez en faisant deux pinces sur chaque
partie découpée du pétale (patron n° 15), et en
creusant avec l'outil-boule le milieu des patrons
n° 15 A et n° 15 B, et en renversant en dehors les
extrémités supérieures de ces mêmes pétales.

3° Assemblez cette rose comme la précédente.

4° Vous montez la fleur en imitant le modèle (fig. 15), et mettant toutes les feuilles du même patron n° 15 G, planche 6.

III

FLEURS EN PERLES.

Ce que nous venons de dire relativement au montage des fleurs s'applique également aux fleurs en perles ; mais on ne découpe ni ne gaufre les pétales, que l'on forme tout simplement avec les perles elles-mêmes enfilées sur un fil de fer fin. Ainsi, le fil de fer et les perles colorées sont les éléments uniques pour faire des fleurs en perles. Les boutons, les cœurs, les étamines, le calice et même les feuilles sont imités et reproduits de la même manière, et voici comment :

Vous choisissez les perles de différentes couleurs que vous aurez à employer pour imiter vos fleurs. Par exemple, vous voulez faire un myosotis, une tulipe, une pensée, un géranium : vous mettez ces perles dans une boîte à compartiments, c'est-à-dire chaque couleur à part et même chaque nuance parfaitement distincte.

Vous prenez le dessin de la fleur que vous voulez imiter, et le mettez devant vous ; puis, vous enfilez avec un fil de laiton les perles d'une couleur convenable, pour imiter celle de la fleur ; vous courbez le fil de laiton sur lui-même, de manière à lui donner le contour des pétales ou de la feuille ; vous attachez les deux extrémités avec de la soie, ou vous les tordez légèrement ; vous coupez ensuite les bouts à la longueur convenable.

Vous procédez de même pour faire le milieu du pétale ou de la feuille, ainsi que les cœurs, les étamines, le calice et les araignes, s'il y en a ; vous cherchez à imiter, autant que possible, par le mélange et la combinaison de vos perles colorées, les modèles que vous avez sous les yeux.

Du reste, vous assemblez et montez les fleurs en perles comme les fleurs en papier, et le dessin vous guidera toujours dans votre imitation, plus ou moins parfaite, de la fleur naturelle ou artificielle en papier.

IV

FLEURS EN CHEVEUX ET EN SOIE,
PAR M. CROIZAT.

On commence par dégraisser les cheveux avec de la potasse, afin de leur donner du brillant, et s'ils sont trop durs et qu'ils ne se prêtent pas avec facilité à tous les contours qu'on veut leur faire prendre, selon le genre de fleurs qu'on veut exécuter, on les fait bouillir dans de l'eau et de la cendre; alors on obtient le brillant et la souplesse nécessaires, et on les étire carrément.

Moyen de faire une rose. — On tend deux brins de soie et un fil de cuivre doré ou argenté que l'on place au milieu sur un métier assez semblable à un métier à broder; devant les soies est un moule uni. On entrelace une mèche de cheveux dans les soies et le fil de cuivre, et l'on tourne le moule; quand on a fait quelques tours, et que les cheveux sont bien arrêtés dans les soies, on grossit le moule à l'aide d'une feuille de carton et l'on continue de tresser jusqu'à ce qu'il y en ait assez pour former la rose; de sorte que le moule va toujours en grossissant. On démonte ensuite le métier, et le travail représente un tuyau conique qui est assujetti sur le fil de cuivre. Du côté des petites boucles on visse une petite tête en acier ou autre métal; après cela, on tord le tuyau de manière que toutes les boucles se contrarient et forment une touffe de feuilles; à l'aide d'un coup de fer convenablement donné, on couche les grandes feuilles sur les petites, qui sont ordinairement en cheveux plus foncés. Pour imiter le cœur de la rose, le calice, on le forme avec un culot en métal, qu'on visse sur le fil de cuivre, ce qui rend l'ouvrage très-solide; on peut le faire aussi en cheveux.

Boutons de rose. — Le cœur du bouton de rose est fait de la même manière que celui de la rose, seulement on fait moins de tours et l'on ne fait pas grossir le moule; on visse sur le fil de cuivre un calice en métal qui emboîte presque tous les cheveux.

Confection des feuilles. — Les feuilles se font à la main sur un bout élastique : on noue la mèche de cheveux avec un fil de laiton dont les extrémités garnissent le milieu de la feuille et servent à assujettir les cheveux quand on fait des feuilles pleines.

Confection de l'épi. — L'épi se fait de la même manière que les feuilles de rose, seulement on ajoute dans les grains de l'épi des fils d'or et un culot pour le bas. Pour former les grains de l'épi, on rompt le cheveu au moyen d'un fer chaud de la grosseur d'une lame de canif.

Marguerites doubles ou simples. — On les fait de la même manière que la rose, mais sans grossir le moule ; et, au lieu de tordre comme pour les roses, on ne fait qu'un tour et les feuilles se trouvent régulièrement placées. Pour étendre la feuille longue, on passe dans chaque anneau un fer ayant la forme d'une lame de couteau.

Narcisse. — Cette fleur se fait à la main : on attache une mèche de cheveux sur un bout élastique ; et au moyen d'un fil de laiton et du doigt qui sert de moule, on forme les feuilles ; on place un godet devant et un culot derrière, on visse bien ces deux pièces sur le fil de laiton ; et, si les cheveux qu'on emploie sont blancs, le narcisse est très-bien imité.

Pensée. — Cette fleur s'exécute sur le moule : trois tours en cheveux blonds et deux tours en cheveux noirs ou châtains ; on fait grossir le moule pour ces derniers ; on place une petite tête dans le cœur et un culot par derrière.

Du bouton. — On le fait à la main, en garnissant de cheveux une petite boucle en bois percée dans le milieu, afin de passer la mèche à la manière des passementiers ; cette boule est ajustée dans un culot.

Papillon. — Le corps est en métal, les ailes sont en cheveux nuancés avec de la poudre dont on se sert pour teindre. On assujettit ces cheveux, teints dans le corps du papillon avec de la colle ou de la cire. Pour donner aux ailes la forme naturelle ainsi qu'aux fleurs, on se sert de fers chauds qui ont des formes variées suivant celle qu'on veut donner aux cheveux. Les fleurs en cheveux étant susceptibles de prendre de mauvais plis, on les monte à la manière des épingles à l'italienne, chaque fleur a sa tige et peut être placée sur la tête.

On obtient les mêmes résultats avec de la soie écrue, employée au lieu de cheveux. La facilité de la teindre donne la facilité d'approcher du naturel autant qu'avec la chenille.

V

OUVRAGES EN CHEVEUX. — BAGUES.

BOURSES. — BRACELETS.

On emploie les cheveux à faire des cordons de montre, des bracelets, des colliers, des ceintures ; on les tresse par les mêmes procédés dont les passementiers font usage pour faire des nattes, des cordons de toutes les formes, soit à la main, soit au crochet.

Les bagues se font avec un petit cordon ou une tresse plate, dont les extrémités, attachées au moyen d'une dissolution de colle de poisson, sont réunies sous une garniture nommée chaton.

Les bracelets sont composésés de tresses qui forment les dessins que l'on veut; elles sont réunies au moyen d'une agrafe, qui sert à les attacher sur le bras.

VI

OUVRAGES EN CHENILLE.

Nous n'entreprendrons pas de détailler tous les ouvrages qui se font ou peuvent être faits en chenille. Ce détail nous mènerait trop loin ; en outre, il n'apprendrait rien de bien nouveau ni de bien intéressant par rapport au travail matériel. Il suffit de citer les objets les plus faciles, les plus gracieux et les plus répandus dans le monde. Au premier rang parmi les objets à exécuter avec de la chenille ou de la soie, nous classerons la tapisserie de point en laine, les châles tricotés et tissés à l'instar des Gobelins, les couvertures de lit et de dessus de table, les corbeilles, les porte-montres composés d'une carcasse faite avec des fils de laiton auxquels on donne les formes que l'on veut, et que l'on recouvre ensuite avec des chenilles de diverses couleurs.

FIN.

TABLE

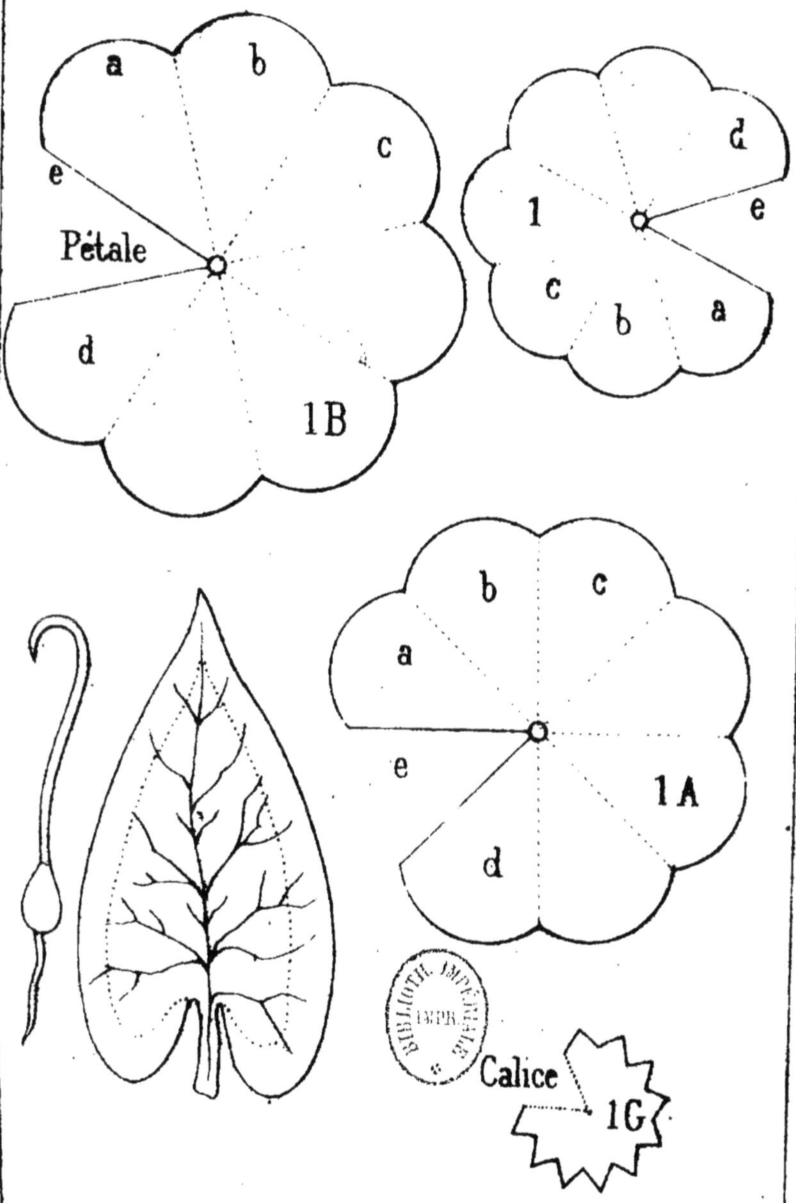

a
b
c
e
Pétale
d
1B
d
e
1
c
b
a
b
c
a
e
1A
d
Calice
1G

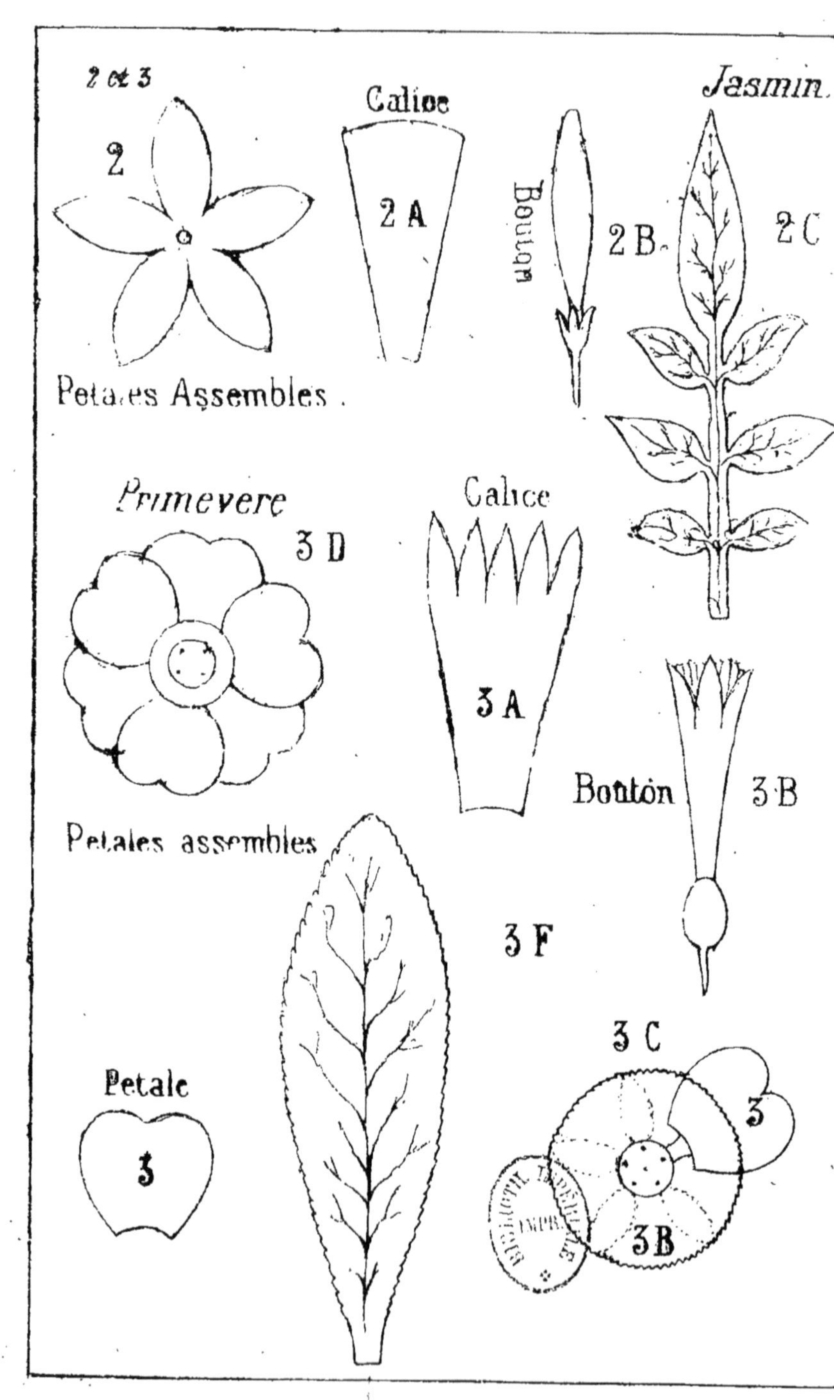

2 et 3
Jasmin.
2
Calice
2 A
Bouton
2 B
2 C
Petales Assembles.
Primevere
3 D
Calice
3 A
Bouton
3 B
Petales assembles
3 F
Petale
3
3 C
3
3 B

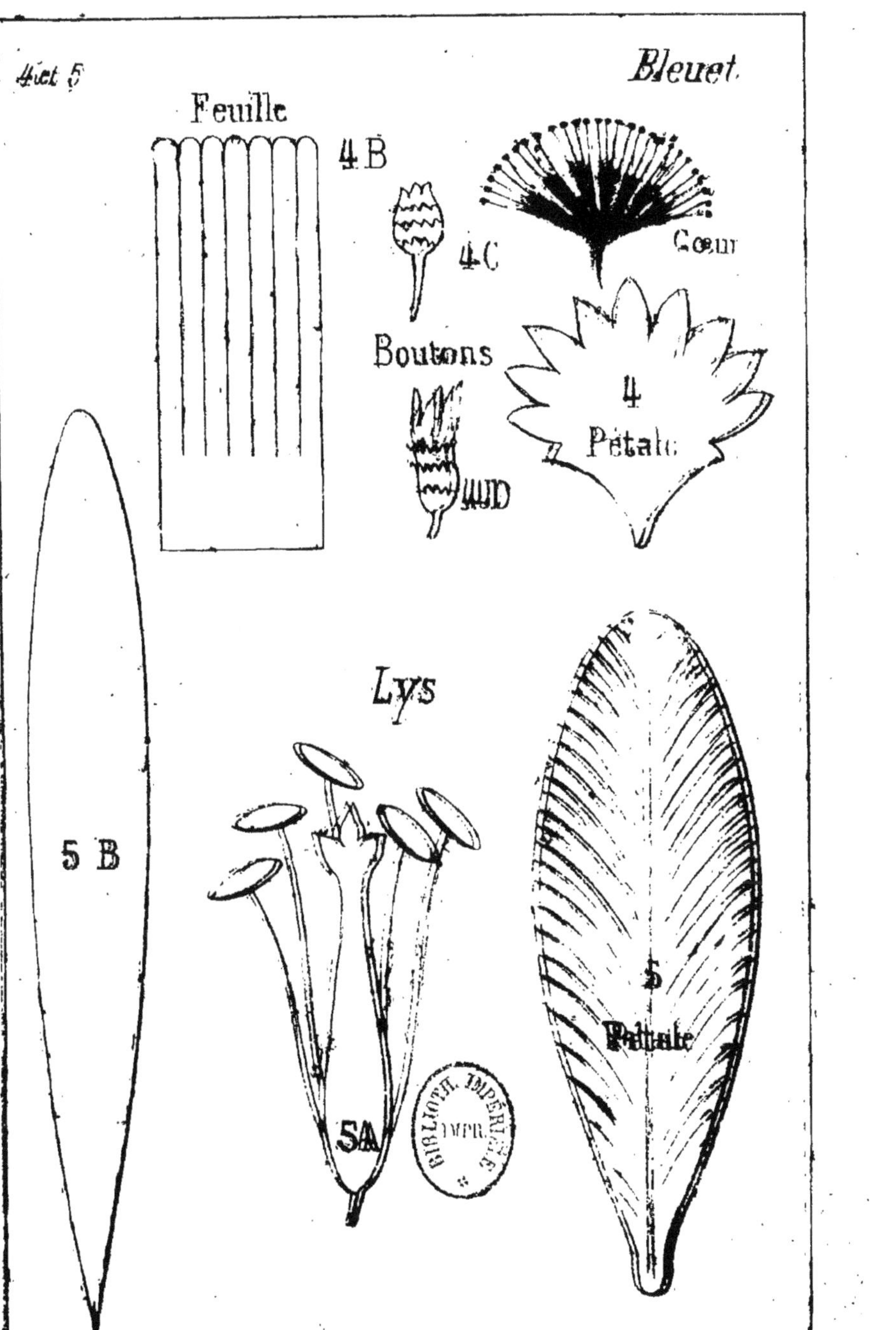

4 et 5
Bleuet.
Feuille
4 B
4 C
Cœur
Boutons
4 D
4 Pétale
Lys
5 B
5 A
5 Pétale
BIBLIOTH. IMPÉRIALE IMPR.

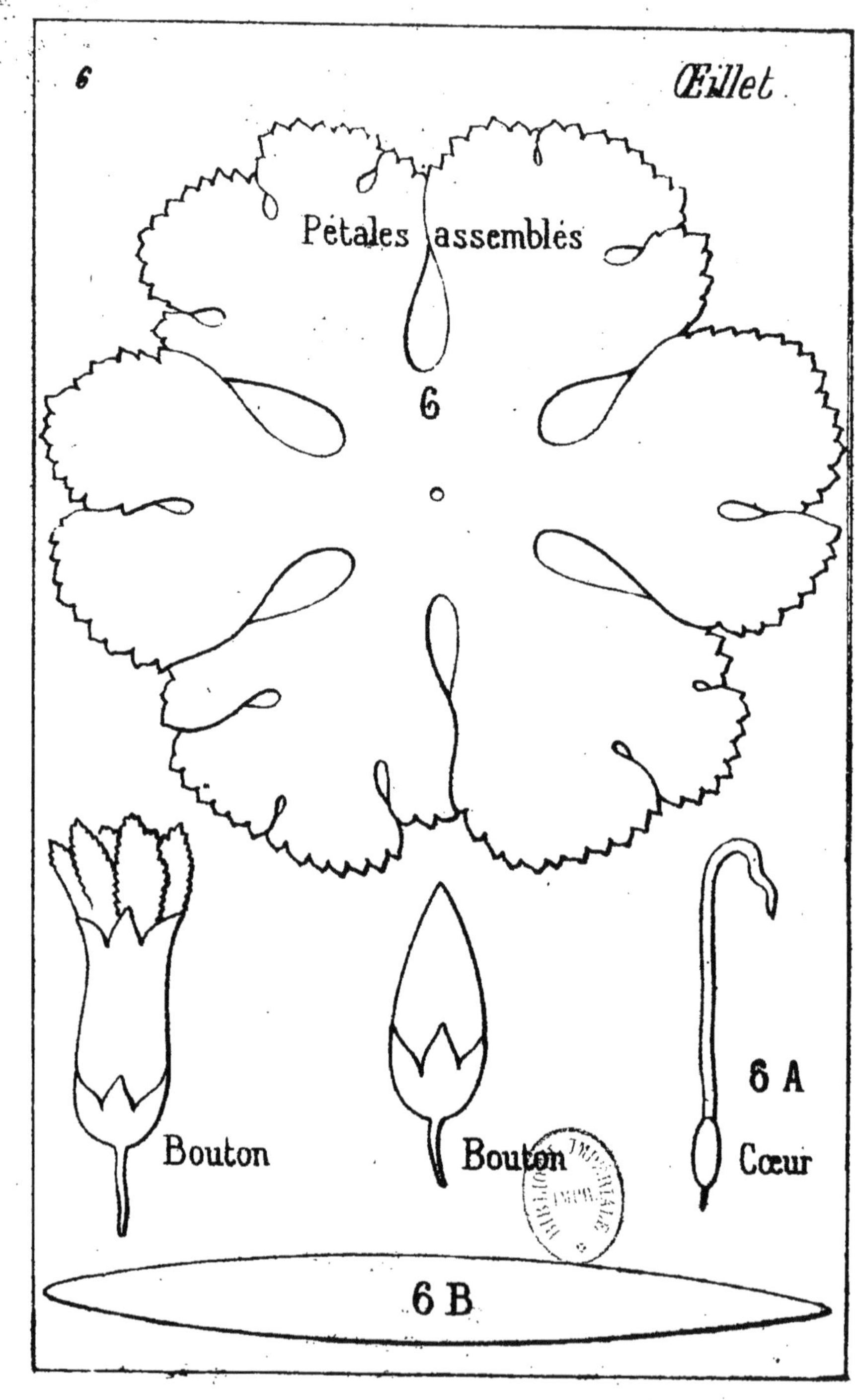

6
Œillet
Pétales assemblés
6
Bouton
Bouton
Cœur
6 A
6 B

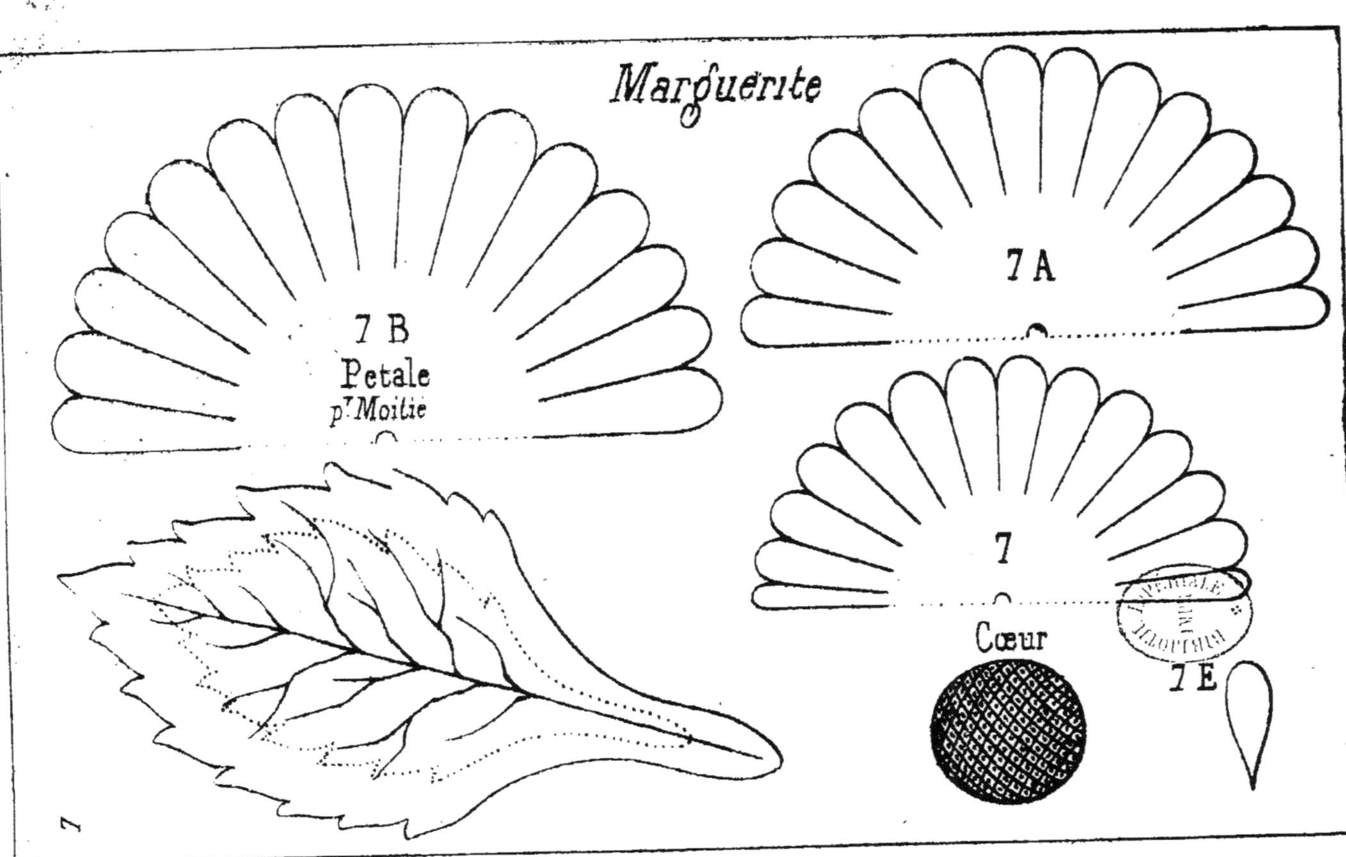

Marguerite
7 B
Petale
p.r Moitie
7 A
7
Cœur
7 E
7

8
Camelia
8 C
Petale
8 B
8 A
Coeur
8 D
Bouton
8 G
8
8 F
8 E Calice

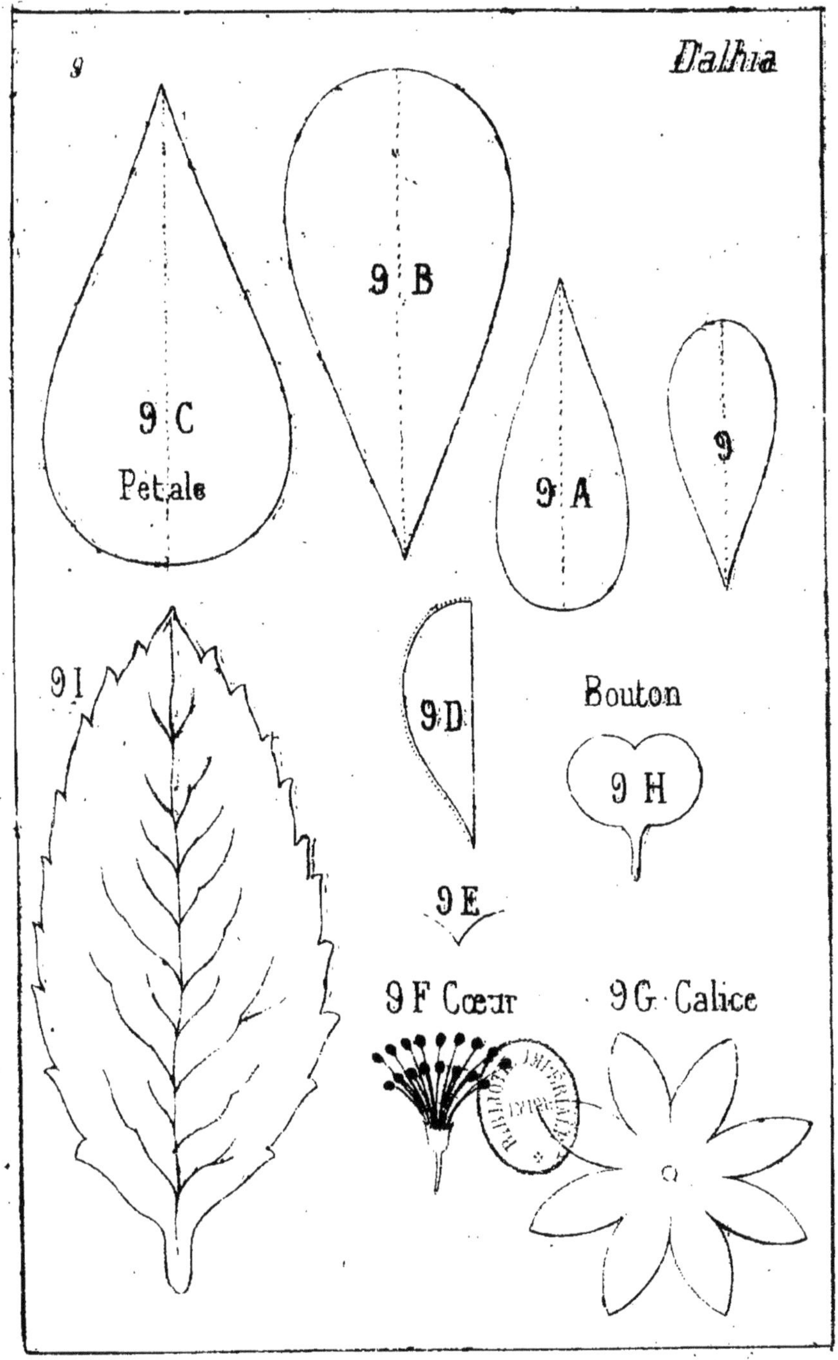

9
Dalhia
9 B
9 C
Petale
9 A
9
9 I
9 D
Bouton
9 H
9 E
9 F Cœur
9 G Calice
Dalhia

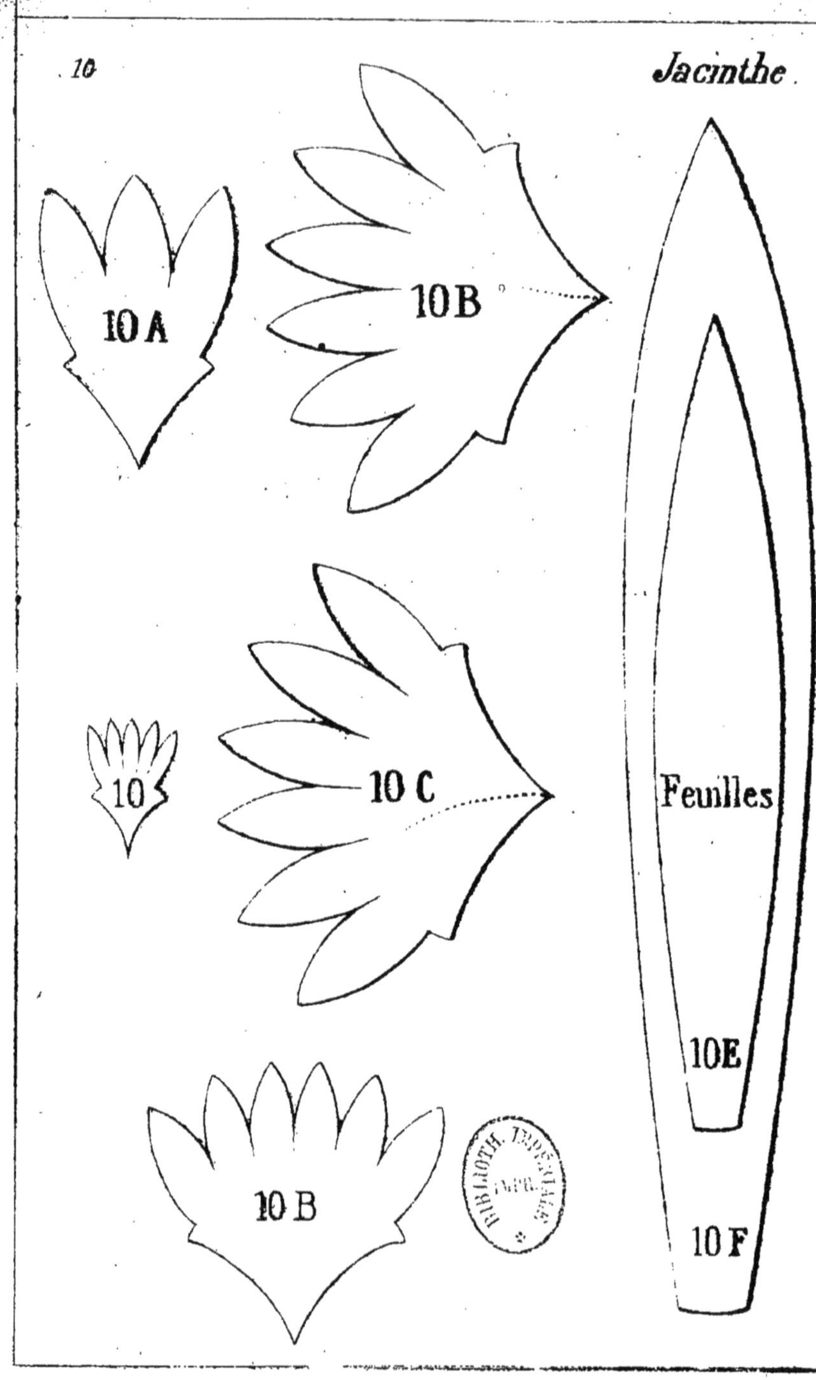
10 A
10 B
10
10 C
Feuilles
10 E
10 F
10 B

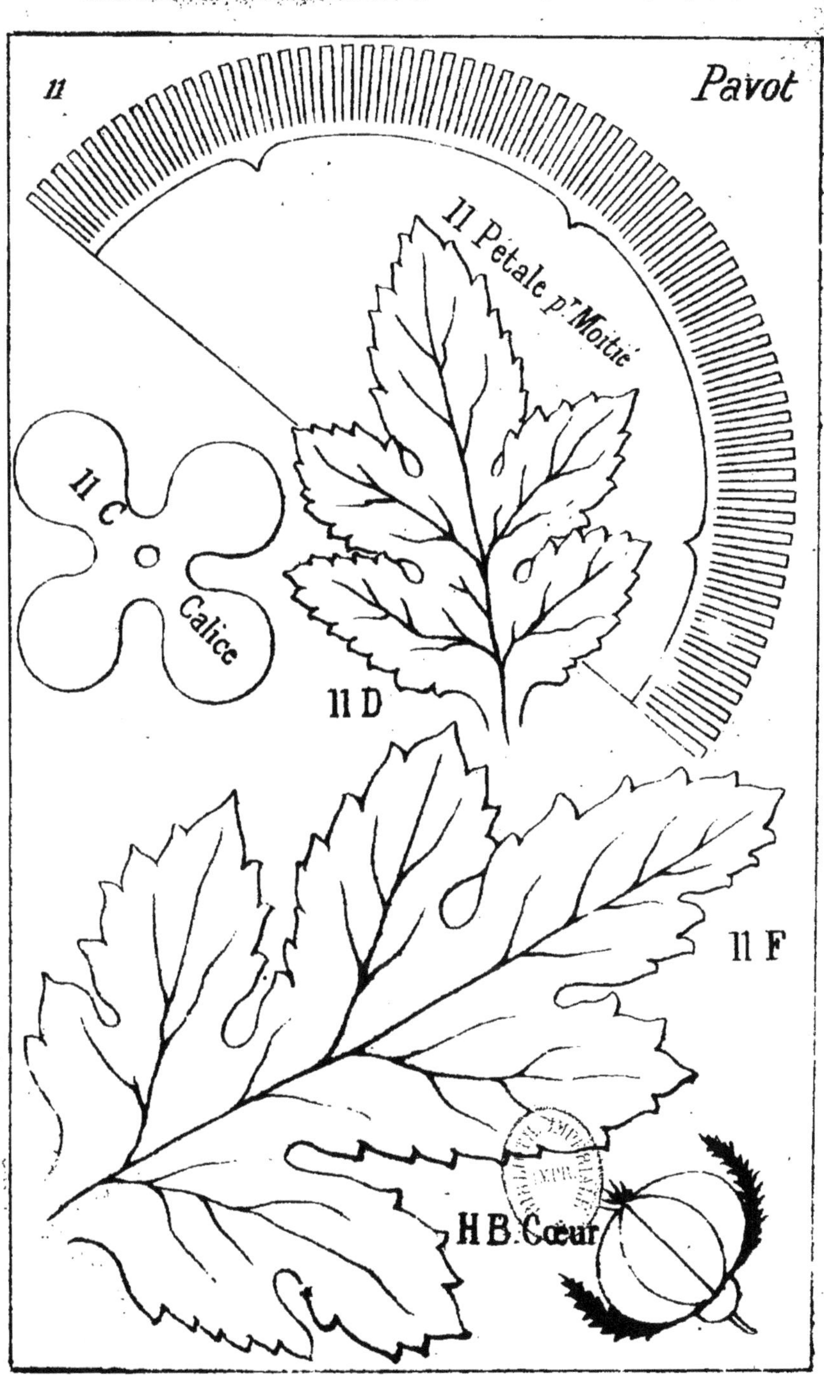
11 Petale p.e Moitié
11 C
Calice
11 D
11 F
H B. Cœur

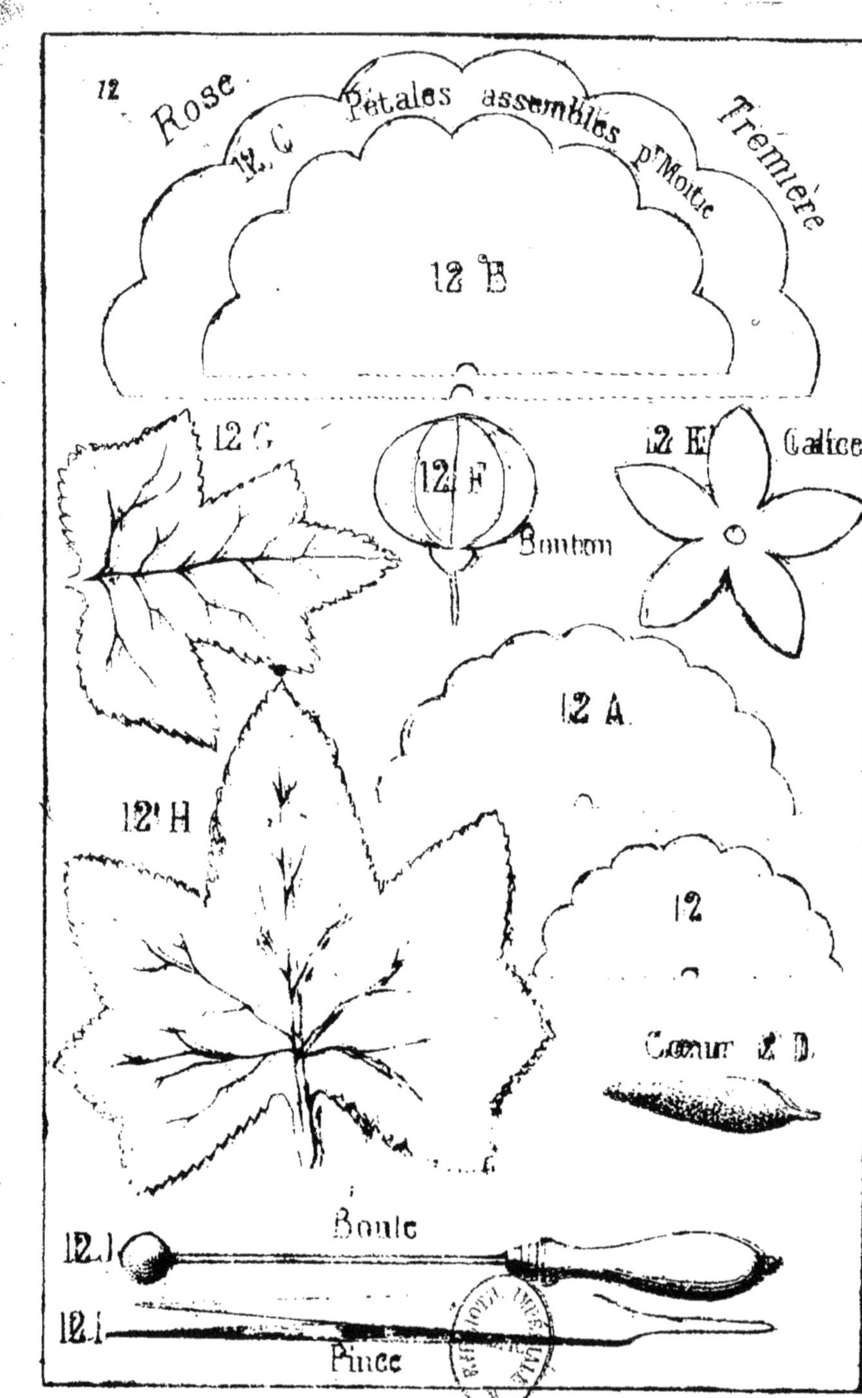

12
Rose
Trémière
12 C Pétales assemblés p.r Moitié
12 B
12 C
12 F
Bouton
12 E Calice
12 A
12 G
Cœur 12 D
12 H
Boule
12 J
12 I
Pince

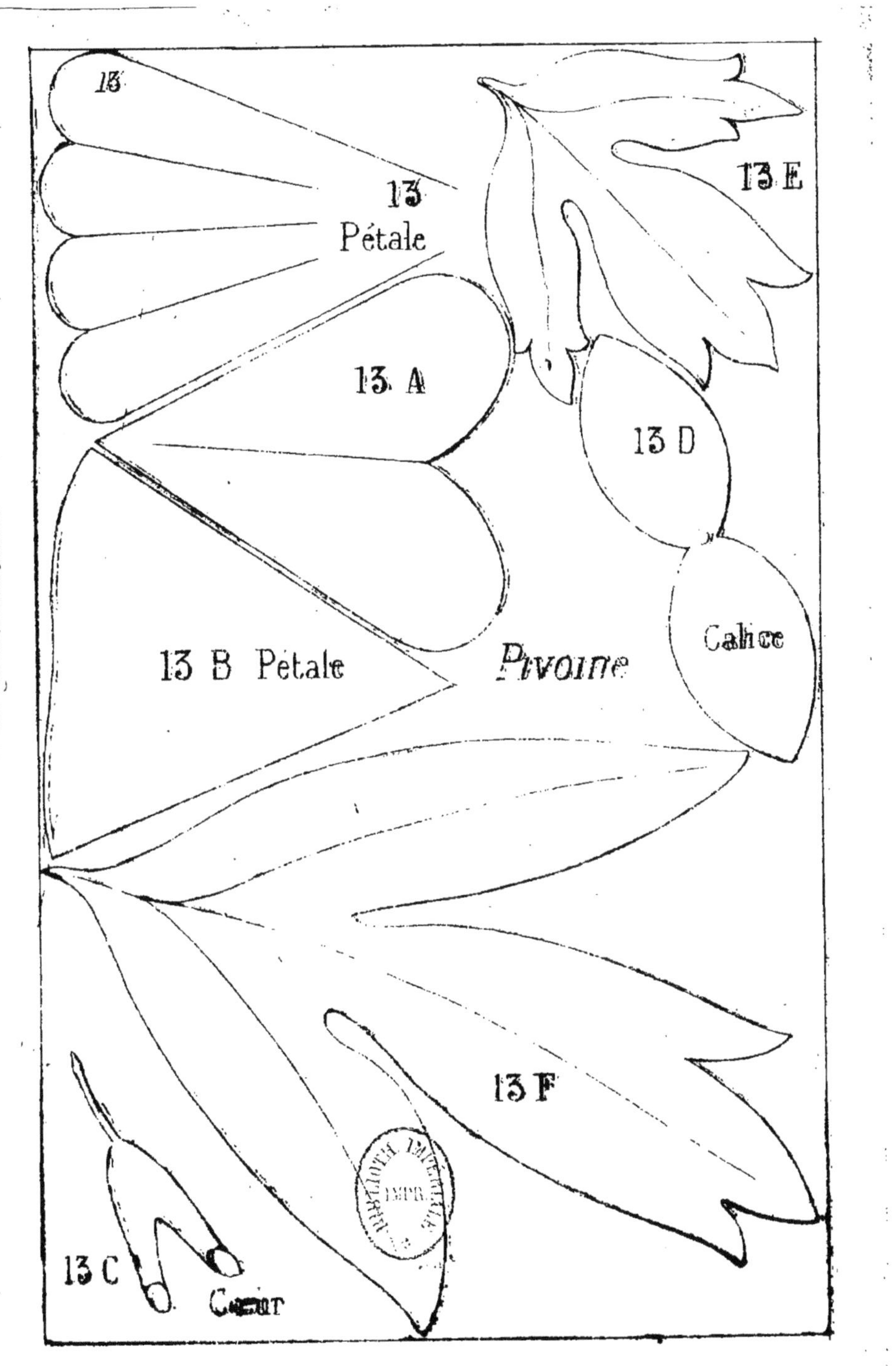

13
13
Pétale
13 E
13 A
13 D
Calice
13 B Petale
Pivoine
13 F
13 C
Cœur

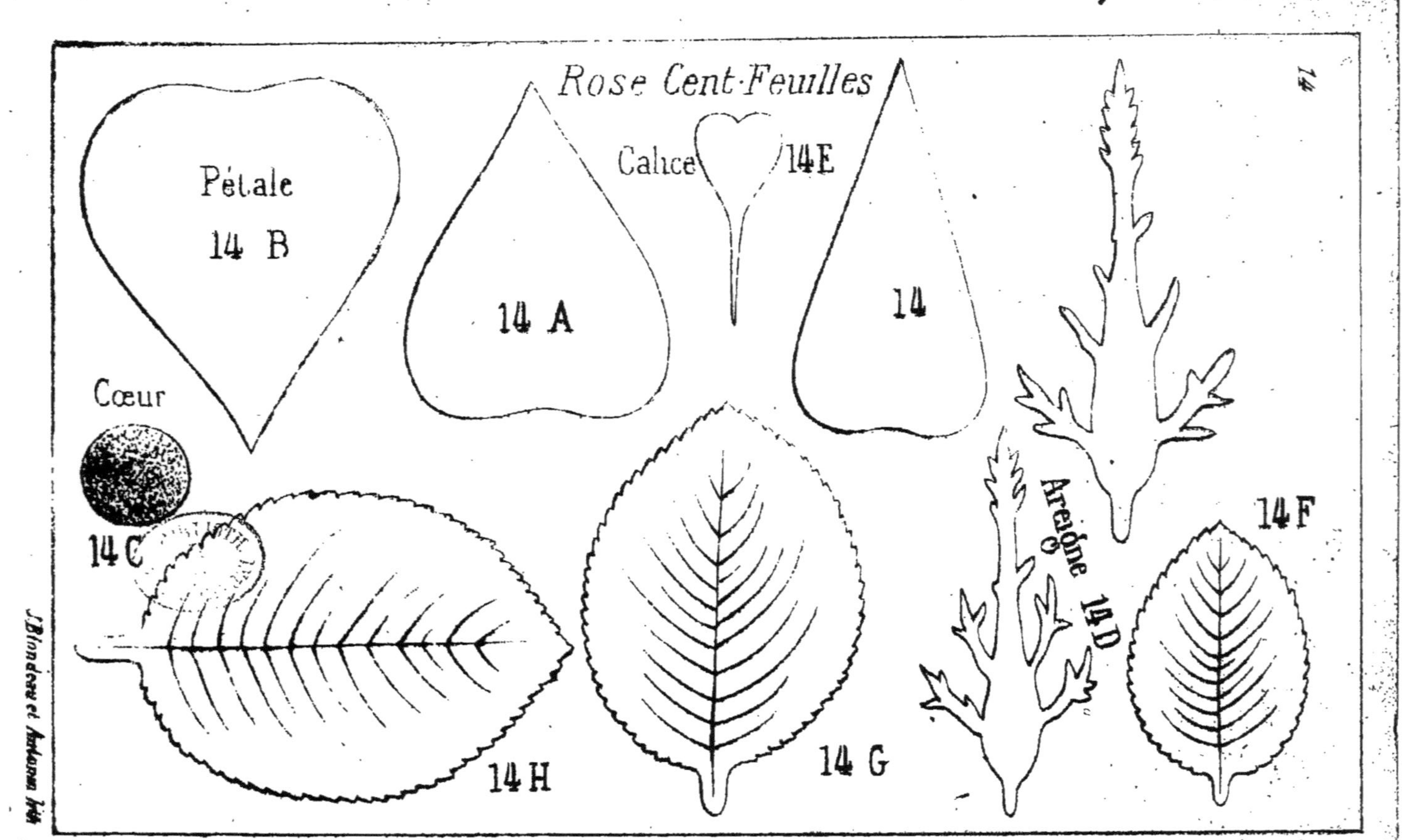
14
Rose Cent-Feuilles
Pétale
14 B
14 A
Calice
14E
14
Cœur
14 C
14 H
14 G
Areigne 14 D
14 F
J.Blondeau et Antonin lith

Manuel du Savoir-Vivre, ou l'Art de se conduire selon les convenances et les usages du monde, dans toutes les circonstances de la vie et dans les diverses régions de la société. 1 joli vol. . . . . 1 fr.

Dictionnaire universel des Beaux-Arts, Architecture, Sculpture, Peinture, Dessin, Gravure, Poésie, Musique, etc., suivi d'un DICTIONNAIRE D'ICONOLOGIE. 1 vol. grand in-18. . . . . 1 fr. 50

La Perspective expérimentale, ou l'Orthographie des formes. 1 vol. in-8, orné de planches. . . . . 1 fr.

Traité de Paysage, avec planches d'études graduées. 1 vol. in-8°, par GOUPIL. . . . . 1 fr.

Manuel général de l'Ornement décoratif, appliqué aux embellissements extérieurs et intérieurs, aux tentures, à l'ameublement, aux vases, au costume, à la composition des jardins, etc. 1 vol. in-8°, avec planches. . . . . 1 fr.

Le Dessin expliqué, mis à la portée de toutes les intelligences, 1 vol. in-8°, orné de 30 sujets d'étude. . . . . 1 fr.

L'Aquarelle et le Lavis, par GOUPIL. 1 vol. in-8°, avec planche. 1 fr.

Le Pastel, par GOUPIL. 1 vol. in-8°, avec planche. . . . . 1 fr.

La Peinture à l'huile, suivie d'un Traité de la restauration des tableaux, par GOUPIL. 1 vol. in-8°. . . . . 1 fr.

La Miniature. 1 vol. avec planche d'étude. . . . . 1 fr.

La Photographie pour tous, traité simplifié. 1 vol. in-8°. . . 1 fr.

Guide du Peintre-Coloriste, comprenant le coloris des gravures, lithographies, vues sur verre pour stéréoscope; du Daguerréotype et la retouche de la Photographie à l'aquarelle et à l'huile, par C. LEFEBVRE. 1 vol. in-8°. . . . . 1 fr.

Manuel général du Modelage EN BAS-RELIEF ET EN RONDE-BOSSE, DE LA SCULPTURE ET DU MOULAGE, ouvrage orné de planches, augmenté d'un grand nombre de procédés nouveaux, utiles et agréables aux amateurs, par F. GOUPIL, professeur de dessin et élève d'Horace Vernet. . . 1 fr. 50

Histoire naturelle des Papillons, suivie de la manière de s'en emparer, de les conserver en collections inaltérables, et du Calendrier du Chasseur de Papillons, Chenilles et autres Insectes. 1 vol. in-8°, orné de 16 planches, noir, 3 fr. — Colorié. . . . . 5 fr.

Moisson des Fleurs du bien, chef-d'œuvre de littérature choisie. 1 vol. format Charpentier. . . . . 1 fr.

Le Parfait Pêcheur à la ligne et au filet, suivi du Calendrier du Pêcheur, d'un Traité de Pisciculture simplifié, de l'Aquarium et des lois et ordonnances sur la pêche fluviale. . . . . 80 c.

LAGNY, Imprimerie de A. VARIGAULT.